妻のシェリル・スタインバッハ・パットンへ。
君は世界が私から奪い去るものより
ずっと多くのものを
私に与えてくれた。
　　──マイケル・F・パットン

　　　R.A.へ。
　　　──ケヴィン・キャノン

「同じ河に
　足を踏み入れても、
　流れる水は常に変わっている」

―― ヘラクレイトス

はじめに p5

1. 論理 p21

2. 知覚 p37

3. 心 p63

4. 自由意志 p93

5. 神 p115

6. 倫理 p137

用語解説 p167

参考文献 p171

はじめに
INTRODUCTION

哲学と聞いて思い浮かぶのは、たとえば、この**フリードリヒ・ニーチェ**だろう。彼は19世紀の悩める哲学者で、抽象的で難解な概念に取りつかれていた。

ふん。別に難解なもんか。

でも西洋哲学を築いた人たちの関心は実にさまざまで、いろんなことに及んでいたんだ。

……**倫理**から**自己**の概念、現実世界の本質に至るまでね！

そして自分の、か、か、**感覚**を、し、信頼すべきか、ど、どうかについてもね。

タレス
紀元前625年-547年

ヘラクレイトス
紀元前540年-480年

デモクリトス
紀元前460年-370年

トマス・ホッブズ
1588年-1679年

ルネ・デカルト
1596年-1650年

ジョン・ロック
1632年-1704年

古代
紀元前700年-西暦499年

中世
西暦500年-1599年

ソクラテス
紀元前469年-399年

プラトン
紀元前428年-347年

アリストテレス
紀元前384年-322年

トマス・アクィナス
1225年-1274年

バルフ・デ・スピノザ
1632年-1677年

ゴットフリート・ヴィルヘルム・ライプニッツ
1646年-1716年

近世
1600年-1800年

19世紀

20世紀

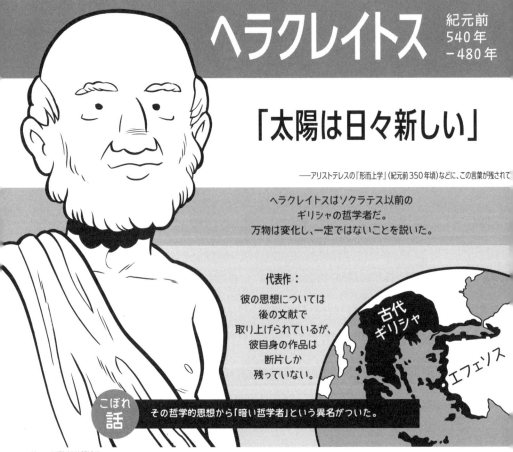

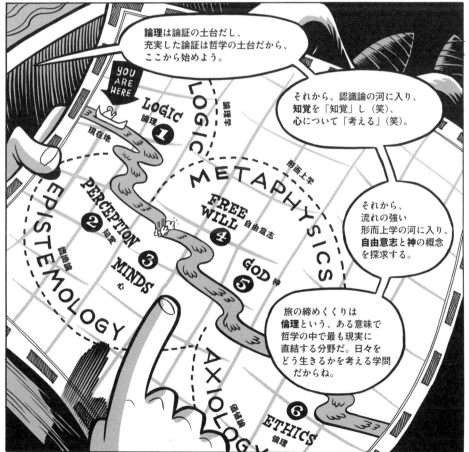

chapter 1
論理
LOGIC

*石碑に刻まれている文字=アレクサンドリア図書館

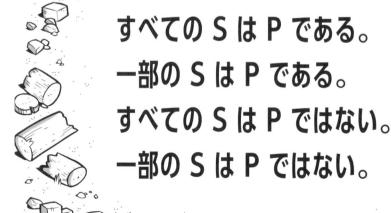

ジョン・スチュアート・ミル

1806年-1873年

「満足した豚であるより、不満足な人間であるほうがよく、満足した愚か者であるより、不満足なソクラテスであるほうがいい」

——『功利主義論』

ミルはイギリスの経験主義者でベンサムの功利的倫理学を推し進め、演繹的論理、帰納的論理についての本や、政治哲学について影響力の強い本を残した。歴史上最も知能が高い人物だと言う人もいるが、もちろん彼は知能テストを受けたことはない。

代表作：

『功利主義論』
1863年

イギリス

こぼれ話 ミルは父親に厳しい教育を受け、3歳のときにギリシャ語を、8歳でラテン語を学びはじめた。20歳のときにノイローゼになったのは、厳しすぎる教育を受けたためだと本人は言っていた。快復後に書いた著作は、その時代に最も強い影響を及ぼした。

chapter 2

知覚

PERCEPTION

ルネ・デカルト
1596年 −1650年

「コギト・エルゴ・スム」
（われ思う、ゆえにわれあり）

――『省察』

ルネ・デカルトはフランスの哲学者で数学者だ。

代表作：
『省察』
1641年

こぼれ話 デカルトは朝11時より前にベッドから起きることはなかったそうだ。それでも解析幾何学とデカルト座標系を考案し、光学の基本法則を発見した。スウェーデンのクリスティーナ女王の家庭教師も務めていた。

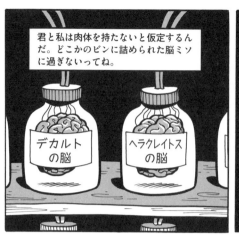

ジョン・ロック 1632年－1704年

「いかなる人間の知識も、その人の経験を超えるものではない」

――『人間知性論』

ジョン・ロックはイギリスの哲学者で、彼の経験主義と政治学は今なお影響力を持っている。

代表作：

こぼれ話 ロックは教会と国家の分離を擁護し私有財産についての重要な理論を唱えた。彼の政治に関する著作はアメリカ合衆国建国の父たちに影響を及ぼし、彼の言葉の多くはアメリカ政府の初期の重要な公文書に記されている。

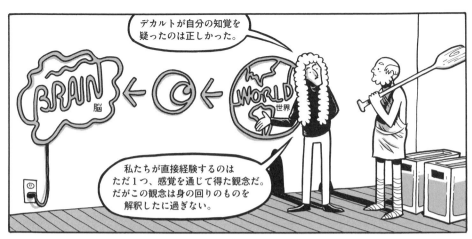

＊GREEN HOUSE ＝温室

ジョージ・バークリ
1685年-1753年

「エッセ・エスト・ペルキピ」
（存在するとは知覚されることである）

——『人知原理論』

ジョージ・バークリはアイルランドの哲学者で、経験主義の基本的な前提を基に観念論（精神と観念だけが存在するという教義）を唱えたことで知られる。

代表作：『人知原理論』 1710年

こぼれ話　バークリはバミューダ諸島に大学を設立しようと奮闘した末、アメリカのロードアイランドの植民地に移住し、英国政府からの資金を待った。だが結局、大学の設立は実現しなかった。

chapter 3

心

MINDS

プラトン

紀元前428年 −347年

「哲学者が王になるまで……都市には害悪から逃れられる場所はない」
——『国家』

プラトンはギリシャの哲学者、数学者でソクラテスの門下生だ。彼は紀元前387年に、アテネにアカデメイアという、ヨーロッパ最初の大学とされる、高度な学問を学ぶ施設を設立した。

代表作：
『国家』
紀元前360年頃

古代ギリシャ
アテネ

こぼれ話　「プラトン」は彼の肩幅が広かったことからつけられた「BROAD（肩幅が広い）」という意味のニックネームだ。本名はアリストクレス。

ゴットフリート・ヴィルヘルム・ライプニッツ

1646年-1716年

「心の中に観念がなければ、何も教わることはできない」
——『形而上学叙説』

ライプニッツはスピノザ、デカルトと並んで「3大合理主義者」の1人で、彼らと同様に多くの分野で業績を残した。哲学の著作に加えて、数学、論理学、機械式計算機の分野で大きな功績を残している。

代表作：
『形而上学叙説』
1686年

ドイツ

こぼれ話 特に形而上学や論理学に多大な貢献を果たしたライプニッツは、アイザック・ニュートンと同様に微積分を発展させた。本を出したのはライプニッツの方が先だが、先に結論に達したのはニュートンだ。ヨーロッパでは何年もの間、微積分を発明したのはどちらかについて議論があったが、近頃では両者とも独自に発見をなしえていたと見なされている。

＊ SPINOZA'S SPECS＝スピノザのメガネ工房

アラン・チューリング
1912年-1954年

「紙、鉛筆、消しゴムを与えられ、厳しい手ほどきを受けた人は、工作機械も同然だ」
——『Intelligent Machinery（人工知能）』

アラン・チューリングはイギリスの数学者、論理学者、暗号解読者であり、哲学者だ。彼の研究はコンピューターサイエンスと人工知能の分野の土台となった。

代表作：

『Intelligent Machinery（人工知能）』
1969年（初版の発行は1948年）

イギリス

 後味の悪いこぼれ話

戦後のイギリスでホモセクシャルの罪により、投獄と引き換えに去勢を受け入れたチューリングは、うつ病になり、青酸カリを塗ったとされるリンゴをかじって自殺した。

デイヴィッド・チャーマーズ

1966年–

「神経科学だけでは意識を説明しきれないが、これは最終理論の根幹を成すことになると思う」

——1998年、雑誌『フィロソフィー・ナウ』内の哲学者アンドリュー・クラッキーとの対談で

デイヴィッド・チャーマーズは
オーストラリアの哲学者にして認知科学者であり、
心と言語の哲学を研究している。

代表作：
『意識する心』
1996年

オーストラリア

こぼれ話 最近の「TEDトーク」で、デイヴィッド・チャーマーズは意識を説明するために汎心論を考えるべきだと語った。彼はすべてのものがある程度意識を持っていると考えている。「光子は(おそらく)生の主観的な感情、つまり意識以前の状態をいくらか持っている。私たちにはバカげて思えるかもしれないが、他の文化圏の人にはそう映らない」

chapter 4

自由意志

FREE WILL

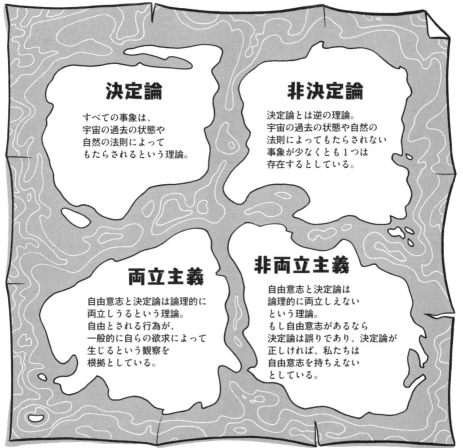

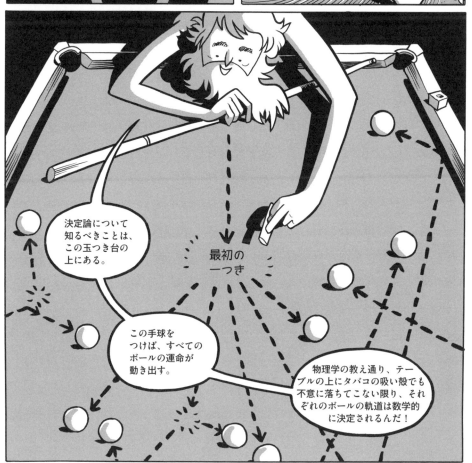

Premises: 前提

1) もし決定論が正しければ、すべての事象は過去と自然の法則によってもたらされる。

2) もしすべての事象が過去と自然の法則によってもたらされるのなら、私の行為Aは過去と自然の法則によってもたらされる。

3) もし私の行為Aが過去と自然の法則によってもたらされるのなら、私が過去と自然の法則を制御できない限り、行為A以外はなしえない。

4) 私は過去を制御できない。

5) 私は自然の法則を制御できない。

6) もし決定論が正しければ、私は行為A以外はできない。

7) もし行為A以外ができなければ、私は行為Aについて自由ではない。

8) もし決定論が正しければ、私は行為Aについて自由ではない。

9) それゆえ、自分の行為について誰も自由ではない。

chapter 5

神

GOD

トマス・アクィナス

1225年－1274年

「ただ自らが輝くよりは他者に光を当てたほうが望ましいし、ただ考えるよりは考えることで得られた真実を他者に伝えるほうがいい」

——『神学大全』

トマス・アクィナスはイタリアのドミニコ会士、聖職者であり、かつスコラ哲学の伝統において重要な哲学者、神学者である。

代表作：

こぼれ話 物静かだったトマスは同僚から「物言わぬ牡牛」と呼ばれていたが、彼の師であるアルベルトゥス・マグヌスは、いつの日か彼の大声が世界中に響き渡るだろうと予言した。

イマヌエル・カント

1724年-1804年

「2つのことについて、心の中が常に新たな称賛と畏敬の念に満たされその思いが強まるにつれ、ますます私たちはそれらについてより頻繁かつ定期的に考えるようになる。その2つとは、星が群れを成す天体と内なる道徳法則だ」

—『実践理性批判』(1788年)

イマヌエル・カントは、ドイツの哲学者で形而上学、倫理学、美学について影響力の大きな作品を残した。

こぼれ話 カントは決まった時間に午後の散歩に出るため、周囲の人はそれを見て時計を合わせることができた。彼はヒュームの著作を読んで「独善的な眠り」から目覚めて、独自の哲学的思索への道に進んだと自ら語っている。

ウィリアム・ペイリー
1743年-1805年

「物事がきちんと整理され、各部が配列され、手段が目的達成のために講じられ、使用する器具が関わりあうさまは、知性と知能が存在していることをうかがわせる」
——『自然神学』

ウィリアム・ペイリーはイギリスの聖職者、キリスト教弁証家、哲学者、功利主義者だ。彼は自然神学の観点から神の存在を主張したことで知られる。

代表作：

イギリス

*訳すと、「自然神学、あるいは神の存在と特性の証拠」

こぼれ話 ペイリーは神学者で、その名声は主に神の存在についてデザイン論を擁護したことにあり、これは有名な「時計職人のアナロジー」が土台になっている。

チャールズ・ロバート・ダーウィン

1809年-1882年

「知識よりも無知から自信が生まれることが多い。科学によってこの問題あの問題が解決できないなどと声高に言うのは、多くを知る者ではなく、知らない者だ」

——『人間の由来』(1871年)

チャールズ・ロバート・ダーウィンはイギリスの自然科学者であり地質学者で、進化論への貢献で最も知られている。すべての種は共通の祖先から進化したと主張している。

代表作：

『種の起源』 1859年

イギリス

こぼれ話　「適者生存」というフレーズを考案したのは、社会学的にダーウィンを支持した哲学者ハーバート・スペンサーであり、ダーウィンではない。ダーウィンがこの言葉を使用したのは『種の起源』の改訂版の中だけだった。

chapter 6

倫理

ETHICS

ソクラテス

紀元前469年-399年

「吟味されない生は生きるに値しない」

——プラトン著『ソクラテスの弁明』(制作年不明、紀元前360年頃?)

ソクラテスはギリシャの哲学者だ。
一般に、彼の思想が西洋哲学の始まりだとされている。

代表作：

ソクラテスは哲学を本に記すことはなかったが、門下生であるプラトンやクセノポンの記述によってその存在が知られている。

こぼれ話　ソクラテスは元老院の外で立ち止まり、ある聖職者と聖なるものの本質についての議論を始めたため、そこで死刑を問う裁判にかけられる羽目になった。せっかく死刑を逃れる機会を与えられながら、彼はアテネの法律に黙って従うべきだとしてこれを拒否した。

ジェレミー・ベンサム
1748年-1832年

「問題は、『彼らは理性を働かせることができるか』とか『彼らは話ができるか』ではなく、『彼らは苦しむことができるか』だ」

——『道徳および立法の諸原理序説』

ジェレミー・ベンサムはイギリスの哲学者であり、法学者で社会改革者だ。現代功利主義の創始者と見なされている。

代表作：

『道徳および立法の諸原理序説』 1789年

イギリス

こぼれ話 ベンサムは「ダップル」と「ドビン」という2つの杖を持ち、気分で使い分けていた。彼の死後ほどなくして、麦わら帽子と服を着た彼のミイラ（自己標本）がユニヴァーシティ・カレッジ・ロンドンに展示され、時にカレッジカウンシルの会合に参加することもある。

道徳的基準

強度
喜びや苦しみをどれほど強く感じるか（針の一刺し vs ひどいやけど）

多産性
ある喜びが他の喜びを伴う可能性。苦しみがさらなる苦しみを伴う可能性（友情を築く場合 vs 人々を操る場合）

持続性
喜びや苦しみがどれほど続くか（アイスクリームの味 vs 長期的な目標を達成した喜び）

純粋性
生じた喜びが苦しみを伴う可能性、あるいは苦しみの後に喜びを伴う可能性（二日酔い vs しらふのときの楽しい記憶）

確実性
その行為が行われるたびに、同じ結果をもたらす可能性がどれくらいあるか（ボードゲームのモノポリー）

範囲
影響を受ける人たちの数（Xboxでゲームをする場合 vs 国際NGO ハビタット・フォー・ヒューマニティで働く場合）

遠近性
喜びや苦しみが、それをもたらした行為と時間的にどれほど近いか（かゆいところをかく場合 vs お金を投資する場合）

> どうだい、これが私の判断材料となる項目だ。

フリードリヒ・ヴィルヘルム・ニーチェ

1844年 - 1900年

「君が深淵をのぞきこむとき、深淵もまた君をのぞき返している」
——『善悪の彼岸』

フリードリヒ・ヴィルヘルム・ニーチェはドイツの哲学者で真実、道徳性、権力、同時代の文化、科学について書いたことで知られる。

代表作：

こぼれ話　ニーチェは24歳のとき、スイスのバーゼル大学で古典文献学の教授に就任するが、これは当時のヨーロッパでは最年少記録だった。

用語解説

ア行

演繹的論証
結論に裏付けを与えることを目的とする論証で、前提が正しければ結論も正しいとする。

カ行

観念論
精神と観念のみが実在するという理論。

帰結主義
倫理において、きっかけや動機、意志などの特性よりも、結果に基づいて行為の道徳的性質を判断する理論。

基礎づけ主義
ある考えが正しいのであれば、(その根拠をたどった場合に)明白に、あるいは絶対的に真である主張に最終的に行き着くものでなければならないとする理論。

帰納的論証
結論に裏付けを与えることを目的とする論証で、前提の確かさによって結論がある程度(高い方が好ましいが)真実とみなされる。

義務論
倫理において、そのときそのときの行為の結果や目的ではなく行為の種類を基に、その是非を判断する理論。たとえば、義務論者によればすべてのウソは間違った行為とみなされるだろうし、帰結主義者はウソにも許されるものと許されないものがあると言うだろう。

経験主義
人間の知識は、すべて知覚による経験から生まれたものだとする考え。

決定論
あらゆる事象は、宇宙の過去の状態や自然の法則によってもたらされるとする理論。

心
思考するものすべてに対する一般的な言葉。心は非物理的なものかもしれないし、あるいは物理的なもの、またあるいは何かそれ以外の特性を持った、まったく別のものかもしれない。

サ行

自由意志
ある行為を決定する力であり、しばしば道徳的責任を負うことの必要条件であるとされる。

神命説
簡単に言えば、ある行為の道徳的性質は、唯一、あるいは複数の神の意志によって決定されるという理論。

性質二元論
心と体は別の実体ではなく、ある単一の実体における2つの別の性質だとする理論。

絶対論
倫理において、行為が何であれ無条件にそれを善、あるいは悪とみなす理論。たとえば、殺人(あるいは大きな過ち)を止めるためにウソをつくことは許されると考える人がいても、絶対論者からすれば理由が何であれウソは悪とみなされる。

タ行

妥当性
演繹的論証の特性の1つ。演繹的論証が妥当となるのは、その前提の確かさによって結論の正しさが保証もしくは確立された場合である。

チューリングテスト
1950年にアラン・チューリングが提唱したテストで、対象となるコンピューターが人間の感覚で思考していると見なしてよいかを判定する。チューリングは質問者を立てて、2人の回答者のどちらが人間でどちらが機械かを明かさずに両者に質問させた。質問を延々と行った後、質問者が答えを見てもどちらが人間でどちらが機械なのかわからないケースが70パーセントを超えれば、機械は思考していると見なしてもよいと考えた。

デカルト的相互作用論
非物理的な心と物理的な肉体は互いに影響を及ぼしうるという理論。たとえば、釘を踏めば、あらゆる物理的な事象が生じるが、痛みを感じる意識は非物理的な心の中でしか起こらない。だが大声で叫んでしまうのは、痛みの知覚が物理的な肉体を経由するためかもしれない。

独断論
自分の考えを否定する証拠がありながらも、それを決して変えようとしないこと。

ナ行

二元論 (心身二元論)
心と体は2つの別の種類のものであるという理論。たとえばデカルトは、心は非物理的な実体であり、体は物理的な実体だと考えた。対照的にスピノザは、心と体は根底にある単一の実体が2つの別の性質を持ったものだと考えた (性質二元論を参照)。

ハ行

発生論的説明
考えを正当化する際に、その根拠よりも考えるに至った発端やきっかけばかりを訴えること。

非決定論
宇宙の過去の状態や自然の法則によってもたらされていない事象が、少なくとも1つは存在するという理論。

物理主義
物理的なものしか存在しえないという理論。

平行説
心と体は別の実体であり、同時に動いてはいるが互いに関わりあってはいないという理論。

ラ行

両立主義
自由な行為は自分の欲求によって生じるものだから、自由意志を持つことは決定論の真理に必ずしも矛盾するものではないという理論。両立主義者によると、(1)ある行為が自分の欲求による結果であり、(2)それとは別の欲求があった場合、別の行為を行うことができたことが間違いなければ、そしてその場合に限り、その行為は自由と呼べる。

ローブナー賞
1990年に設けられた賞で、チューリングテストに1位で合格したコンピューター、すなわち、人間の反応と間違うほど、どんな質問にも答えられるコンピューターに対して与えられる。

参考文献

『神学大全』 トマス・アクィナス著　山田晶、高田三郎、稲垣良典ほか共訳　創文社　1960年-2012年

『道徳および立法の諸原理序説』 ジェレミー・ベンサム著　関嘉彦責任編集『世界の名著49 ベンサム、J.S.ミル』より山下重一訳　中央公論社　1979年

『人知原理論』 ジョージ・バークリ著　大槻春彦訳　岩波書店　1958年

Chalmers, David. "Much Ado About Consciousness," interview by Andrew Chrucky. *Philosophy Now* 21 (Summer/Autumn 1998). https://philosophynow.org/issues/21/Much_Ado_About_Consciousness

Cohen, S. Marc, Patricia Curd, and C. D. C. Reeve, eds. *Readings in Ancient Greek Philosophy: From Thales to Aristotle*. Indianapolis: Hackett Pub. Co., 1995.

『人間の由来』 チャールズ・ダーウィン著　長谷川眞理子訳　講談社　2016年

Descartes, René. *The Philosophical Writings of Descartes*. translated by John Cottingham, Robert Stoothoff, and Dugald Murdoch. Cambridge, UK: Cambridge University Press, 1985.

Descartes, René, Benedict de Spinoza, and Gottfried Wilhelm Freiherr von Leibniz. *The Rationalists*. New York: Anchor Books, 1974.

『リヴァイアサン』 トマス・ホッブズ著　角田安正訳　光文社　2014年、水田洋訳　岩波書店　1982年-1992年、永井道雄責任編集『世界の名著23 ホッブズ』より永井道雄、宗片邦義共訳　中央公論社　1971年

『人間知性研究－付・人間本性論摘要』 デイヴィッド・ヒューム著　斎藤繁雄、一ノ瀬正樹共訳　法政大学出版局　2004年(新装版2011年)

『実践理性批判』 イマヌエル・カント著　中山元訳　光文社　2013年、波多野精一・宮本和吉、篠田英雄共訳　岩波書店　1979年

『人間機械論』 ジュリアン・オフレ・ド・ラ・メトリー著　杉捷夫訳　岩波書店　1957年

『人間知性論』 ジョン・ロック著　大槻春彦訳　岩波書店　1972-1977年、『人間悟性論』 加藤卯一郎訳　岩波文庫復刻版　一穂社　2004年

『功利主義論』 ジョン・スチュアート・ミル著　関嘉彦責任編集『世界の名著49 ベンサム、J.S.ミル』より伊原吉之助訳　中央公論社　1979年、『功利主義論集』 川名雄一郎、山本圭一郎共訳　京都大学学術出版会　2010年

『善悪の彼岸』 フリードリヒ・ヴィルヘルム・ニーチェ著　中山元訳　光文社　2009年、木場深定訳　岩波書店　1970年、竹山道雄訳　新潮社　1954年

Paley, William. *Natural Theology, or, Evidences of the Existence and Attributes of the Deity*. Landisville, Pa: Coachwhip Publications, 2005.

Scheutz, Matthias. *Computationalism: New Directions*. Cambridge, Ma: MIT Press, 2002.

『エティカ』 バルフ・デ・スピノザ著　工藤喜作、斎藤博共訳　中央公論新社　2007年、『エチカ－倫理学(上・下)』畠中尚志訳　岩波書店　1951年

謝辞

執筆を代わろうかと言ってくれたデイヴィッド・チャーマーズ、
仕事の邪魔をしないでいてくれた愛猫、サポートしてくれた妻、
コメントや励ましをくれた友人や同僚たち、
その中でもとりわけトリン・アルター、
ステファン・フォレスター。
みんなのおかげでこの本は完成した。

――マイケル・F・パットン

まず何よりも共謀に加担してくれたゼンダー・キャノン
（名字は同じだが親類ではない）に感謝する。
彼の熱意があればこそ本書は完成できた。
そしてゼンダーとジェイミー・シューマッハ夫妻、
及びケイト・キャノンは、早くから本書の草稿に目を通して
貴重なフィードバックをくれた。
最後に、制作アシスタントのアテナ・カリアー。
彼女の才能と細部に至る集中力は何物にも代えがたい。

――ケヴィン・キャノン

この企画を進めてくれたビル・アンド・ワングのトーマス・レビーン、
及びこの本を形にしてくれたアマンダ・ムーン、
そして陰で本書に貢献してくれた数多くの人たちに、
私たち2人からお礼を申し上げたい。

――マイケルとケヴィン

著者紹介

マイケル・F・パットン
Michael F. Patton

モンテヴァロ大学の哲学教授であり、
哲学と宗教のカリキュラムの企画を担当する。
妻のシェリルとアラバマ州のモンテヴァロに在住。

ケヴィン・キャノン
Kevin Cannon

輝かしい受賞歴を持つイラストレーターで、
『Evolution』『The Stuff of Life』
（ともにHill and Wangより刊行）など、
複数のノンフィクションのアメリカンコミックに
イラストを提供している。
ミネソタ州のミネアポリス在住。

訳者紹介

大田黒 奉之
おおたぐろ・ともゆき

翻訳者。京都大学法学部卒業。
洋楽好きが高じ、主にミュージシャンの伝記の翻訳を手掛けるようになる。
主な訳書に『SHOE DOG（シュードッグ）』（東洋経済新報社）、
『ロック・コネクション』『ジョージ・ハリスン コンプリート・ワークス』
『デヴィッド・ボウイ コンプリート・ワークス』『ザ・クラッシュ コンプリート・ワークス』
『イーグルス コンプリート・ワークス』（以上、TOブックス）、
『ミック・ジャガーの成功哲学』（スペースシャワーブックス）等。

マンガで入門
世界一ゆるい哲学
「人生の答えがわかる」かもしれない23賢人の教え

2019年4月10日　第1刷発行

著者
マイケル・F・パットン、ケヴィン・キャノン

訳者
大田黒奉之

発行所
ダイヤモンド社
〒150-8409 東京都渋谷区神宮前6-12-17
http://www.diamond.co.jp/
電話／03-5778-7232(編集) 03-5778-7240(販売)

翻訳協力
株式会社トランネット
(www.trannet.co.jp)

ブックデザイン
杉山健太郎

校正・校閲
鷗来堂

製作進行
ダイヤモンド・グラフィック社

印刷
勇進印刷(本文)・加藤文明社(カバー)

製本
ブックアート

編集担当
廣畑達也

©2019 trannet
ISBN 978-4-478-06735-2

落丁・乱丁本はお手数ですが小社営業局宛にお送りください。送料小社負担にてお取替えいたします。
但し、古書店で購入されたものについてはお取替えできません。
無断転載・複製を禁ず
Printed in Japan